LETTRE SUR LES AFFAIRES DU TEMPS.

RÉVOLUTION DE FÉVRIER.

ORGANISATION DU TRAVAIL,

PAR

BLAISE NICODÈME.

Rien n'est beau que le vrai, le vrai
seul est aimable.

BOILEAU, *Art poétique*

Prix : 30 centimes.

PARIS

GARNIER FRÈRES, LIBRAIRES-ÉDITEURS,

PALAIS-NATIONAL,

Galerie Montpensier, 214, 215 et 216.

—

1848

LETTRE SUR LES AFFAIRES DU TEMPS,

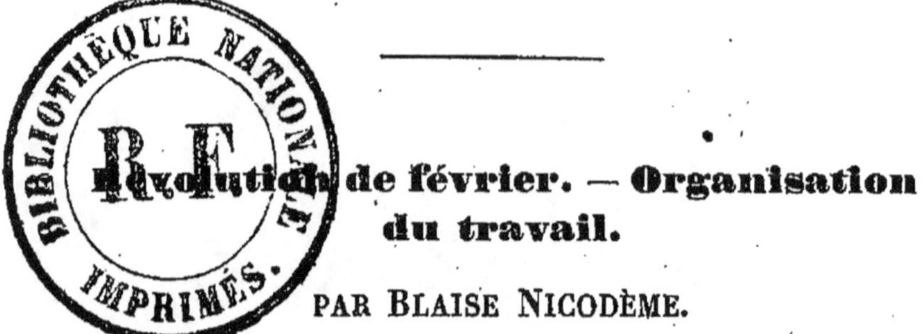

Révolution de février. — Organisation du travail.

PAR BLAISE NICODÈME.

Ami lecteur, qui liras cette lettre, si tu désires savoir dans quelles circonstances elle a été écrite, apprends qu'une personne de ma connaissance qui habitait la province, se défiant avec raison des écrits officiels et des commentaires des journaux, me pria, peu après la révolution, de vouloir bien lui faire part de ce que je savais sur les circonstances de cet évènement; ce qu'effectivement j'ai fait dans la lettre que tu vas lire, en y ajoutant quelques récits sur ce qui s'est passé depuis. Mais, la lettre terminée, je me trouvai dans un grand embarras, car j'appris que la personne à laquelle elle était destinée, était partie inopinément pour un voyage lointain, et qu'on ne savait, ni quand elle serait de retour, ni où il convenait de lui adresser des lettres. Dans cette conjoncture, comme je suis un pauvre benêt, sans esprit, ni rime, ni raison, du moins à ce que tout le monde dit, je jugeai ne pas pouvoir m'aviser de meilleur expédient que de faire imprimer ma lettre, afin que sur les ailes de la publicité elle pût enfin arriver à qui elle était destinée. Et c'est de cette façon, lecteur, que tu te trouves appelé à lire mon verbiage. Maintenant, voici la lettre en question :

1848

À M. Désiré Curieux, dans le monde.

Paris, 17 mars 1848.

Mon cher Monsieur,

Vous me demandez de vous faire un récit de ce que je sais sur les évènemens de ces jours passés ; je vais tâcher de vous satisfaire, espérant que vous excuserez la pauvreté de mon style ; car vous savez de reste que je suis un pauvre diable sans esprit, ainsi qu'il convient d'être, quand on s'appelle Nicodème. Pour commencer par le commencement, je vous dirai que je crois les cerveaux d'au moins le quart des gens d'ici, tant provinciaux que Parisiens, détraqués d'une singulière façon, car depuis quinze à vingt jours, il me semble être dans une maison de fous. Les uns disent une chose, les autres en disent une autre, et chaque jour les opinions de chacun changent, de façon que c'est un gâchis où « l'œil de Dieu » seul verrait clair. Aussi j'en suis tout ahuri ; tellement que d'un peu plus je croirais le monde renversé, si je ne connaissais de longue date le goût pour les extravagances des gens réputés spirituels. Mais, j'oublie que tout en parlant d'eux, je risque d'être jugé les imiter, en m'écartant ainsi sans nécessité de mon sujet ; aussi, vais-je en toute hâte l'aborder enfin.

Vous devez savoir, Monsieur, qu'à l'époque où ont commencé les troubles, il devait y avoir un certain banquet qui faisait la préoccupation principale de la majorité de la nation. Aura-t-il lieu ? N'aura-t-il pas lieu ? Voilà ce que chacun se disait ; et tout en tournant et retournant ce beau texte, les esprits s'échauffaient, ainsi qu'il convient en pareil cas. Bref, l'ébullition était déjà très marquée, quand arriva le grand jour.

Vous n'attendez pas de moi, je pense, un récit complet des évènemens qui eurent lieu alors, car les journaux ont dû suffisamment vous renseigner à cet égard; mais comme ils ont pu induire le public en erreur sur quelques points, vous désirez sans doute que je les rectifie en vous communiquant mes propres observations. Ainsi comprise, ma tâche sera plus facile, et je vais m'en acquitter de mon mieux.

Dès le milieu de la journée du 22, il était facile de voir qu'une vive préoccupation agitait les esprits, car une foule compacte remplissait les rues, et s'arrêtait de temps à autre pour former des groupes bruyans et animés. On disait : On a fait des charges dans tel endroit, qui ont occasionné tel accident ; des femmes, des enfans ont été foulés sous les pieds des chevaux. En revanche, on a renversé des omnibus pour former des barricades dans la rue de Rivoli, dans la rue Neuve-des-Petits-Champs et dans la rue Saint-Honoré ; on a brûlé un poste et quantité de chaises aux Champs-Elysées, et scié une quarantaine d'arbres au même lieu. Et à la suite de tels récits, chacun se demandait : Où allons-nous? et comment cela finira-t-il? Sur le soir, la rue Saint-Honoré était pleine de foule, de bruit, de tumulte, et l'on essaya même à plusieurs reprises d'y former une barricade, mais ce fut en vain, car dès qu'une voiture était renversée, une patrouille arrivait et la relevait. La nuit se passa ainsi au milieu de clameurs incessantes, accompagnées, dans quelques quartiers intérieurs, de coups de feu, surtout dans la rue Saint-Louis au Marais, où le feu commença à huit heures du soir, et continua presque sans interruption, mais avec peu d'intensité, pendant toute la nuit. Le matin du 23, on avait élevé des barricades sur nombre de points du Marais et du quartier Saint-Martin, mais bientôt des troupes arrivèrent et les détruisirent en tuant quelques uns de ceux qui les gardaient. Elles ne tardèrent cependant pas à être rétablies, et dès lors se maintinrent pendant le reste du conflit, malgré les attaques incessantes de la garde municipale et quelquefois de la troupe de ligne. L'artillerie fut même employée une fois; ce fut contre une barricade, située rue de l'Oseille, près le boulevart du Temple, sur laquelle furent tirés quatre boulets qui la renversèrent et mirent en fuite ceux qui la défendaient.

Vers trois heures de l'après-midi, une suspension d'armes eut lieu, sur le bruit qui se répandit, d'un changement de ministère, et les troupes quittèrent la plupart des lieux où elles bivouaquaient pour rentrer dans leurs casernes, pendant que le peuple poussait des cris incessans de : Guizot à la potence! Guizot à Montfaucon!... Toutefois, les barricades restèrent debout, et même dans les quartiers où elles se trouvaient, on en construisit de nouvelles, beaucoup d'individus ne croyant pas à la vérité du changement de ministère, parce qu'on n'avait affiché à ce sujet aucun placard, contre la coutume usitée en cas de nouvelles qui doivent être portées très promptement à la connaissance de l'universalité de la population.

La soirée se passa assez paisiblement ; seulement une foule immense remplissait les rues, dont toutes les maisons étaient illuminées, parce que la plupart des réverbères avaient été brisés la nuit précédente.

Vers onze heures du soir, ou plutôt entre dix et onze heures, deux compagnies du 14ᵉ de ligne, postées sur le trottoir du boulevart des Capucines, le long du ministère des affaires étrangères (à l'occasion d'un coup de feu parti on ne sait d'où, et que le commandant des deux compagnies considéra comme devant être le signal d'une attaque contre son détachement) firent une décharge générale et simultanée, sans avertissement préalable, sur la foule postée de l'autre côté du boulevart, et abattirent cinquante-deux personnes, la plupart mortes.

Ce carnage si peu motivé devint le signal d'un soulèvement général. La nouvelle répandue dans tous les quartiers, avec la rapidité de l'éclair, ranima partout la fusillade, et décida les faubouriens, qui jusqu'alors étaient restés neutres, à prendre part aussi à la lutte. Bientôt des barricades s'élevèrent de toutes parts, au point que le lendemain, à midi, on en comptait plus de trois mille dans l'enceinte de Paris, et les meneurs de l'insurrection, la plupart légitimistes, voyant l'exaspération de la foule à son comble, jugèrent le moment favorable pour prendre leur revanche de 1830, et distribuèrent les armes qu'ils tenaient en réserve pour une telle occasion.

Pendant toute la nuit, la fusillade se fit entendre sur divers points, principalement sur les boulevarts et dans les quartiers Saint-Martin et du Temple, foyer principal de l'insurrection.

Vers huit heures du matin, des masses nombreuses d'insurgés commencèrent à déboucher de toutes les rues aboutissantes sur la place de la Bastille, occupée par quatre bataillons formés en un seul carré. A leur arrivée sur la place, les insurgés, voyant les soldats immobiles, crurent sans doute qu'ils dormaient, et pour les réveiller leur lâchèrent quelques coups de fusil. Les soldats, ainsi provoqués, ripostèrent, sans attendre l'ordre de leurs officiers, par une décharge générale qui mit hors de combat deux ou trois cents insurgés et porta les autres à s'enfuir au plus vite, peu contens du résultat de leur bravade. Les quatre bataillons restèrent dans la même position jusqu'à neuf heures, que l'ordre leur vint de faire retraite sur Vincennes, ce qu'ils exécutèrent sans opposition en suivant les quais, pour éviter les barricades dont les autres voies de communication étaient obstruées. Après le départ des soldats, les insurgés étant revenus sur la place, assaillirent un poste de gardes municipaux situé dans un de ses angles et, ne pouvant déterminer ceux qui l'occupaient à se rendre, y mirent le feu; et ainsi, à l'instigation, sans nul doute, de leurs meneurs légitimistes, pour montrer leur générosité et leur humanité, ne pouvant vaincre leurs adversaires, les firent tous brûler, au nombre d'environ soixante-dix. Cinq autres postes de gardes municipaux subirent le même sort dans différentes parties de la ville, et plusieurs jours après on voyait encore leurs ossemens blanchis et leurs chairs calcinées joncher le sol des lieux qui avaient été le théâtre de leur martyre. Il en était de même au poste dit du Château-d'Eau, en face du Palais-Royal, et dont je vais raconter tout à l'heure la catastrophe.

Vers onze heures, on répandit le bruit de la formation d'un ministère Thiers-Barrot; mais cette concession, qui la veille aurait paru très suffisante, ne fut accueillie que par des rires méprisans et des cris : « A bas

Thiers ! à bas l'embastilleur ! » et l'agitation, loin de se calmer, alla toujours croissante, et les rues voisines du Palais-Royal, jusqu'alors intactes, s'encombrèrent de barricades comme le reste de la ville. A ce moment, la place du Palais-Royal était occupée par deux compagnies du 14e de ligne, comptant au total cent quatre-vingt-deux hommes, et commandées par un chef de bataillon.

Vers onze heures et demie, trois à quatre cents individus, dont une partie seulement était armée, débouchèrent sur la place en venant du bas de la rue Saint-Honoré. Ils engagèrent quelques pourparlers avec les soldats qu'ils voulaient obliger à mettre bas es armes ; ce que ceux-ci refusèrent de faire. Alors une partie des insurgés, desquels le nombre grossissait de minute en minute, s'occupa d'élever au bout de la rue de Valois, du côté de la place, une épaisse barricade, faite de pavés amoncelés. Puis, les soldats, dont le chef venait d'être tué d'un coup de baïonnette, s'étant retirés dans le poste situé entre les rues Froidmanteau et Saint-Thomas-du-Louvre, en face le Palais et la rue de Valois, un feu très vif ne tarda pas à s'engager (environ midi) entr'eux et les insurgés. Je me trouvais, en ce moment, dans un des restaurans du Palais, où, depuis quelques minutes, je venais de monter pour déjeuner, et je ne tardai pas à être presque assourdi du fracas de la fusillade, auquel se mêlaient les clameurs incessantes des insurgés. Bientôt arriva un nouveau rassemblement, composé de quatre à cinq mille individus, dont cinq à six cents gardes nationaux, et les autres ouvriers, précédés d'un tambour qui battait la charge ; ce qu'il ne cessa de faire pendant toute la durée de l'action. Ce rassemblement, arrivé au Palais-Royal, se divisa ; partie resta rue de Valois, pour appuyer les autres combattans de la barricade, et partie se porta rue de Richelieu, où elle désarma le poste du Théâtre-Français, et s'établit dans la cour du Palais-Royal et dans l'extrémité adjacente de la rue Saint-Honoré, pour tirer de là sur le poste. La fusillade dura, en tout, depuis midi jusqu'à deux heures, tantôt avec des roulemens sourds et prolongés, entremêlés d'éclats comme ceux du tonnerre, tantôt avec des séries de coups secs et retentissans, se succédant pendant deux ou trois minutes, comme lors du départ d'un bouquet de feu d'artifice. Vous pouvez juger, mon cher Monsieur, que, n'ayant jamais été à pareille fête, je donnais toute mon attention aux moindres détails de celle-ci. Ce n'était toutefois pas sans un certain serrement de cœur que j'écoutais ce tintamarre, car je pensais que nombre d'individus y perdaient la vie.

Vers une heure et demie, quantité d'insurgés s'étant introduits dans les écuries de Louis-Philippe, rue Saint-Thomas-du-Louvre, en tirèrent les voitures qui s'y trouvaient et les menèrent dehors pour les brûler. Quatorze de ces voitures furent amenées devant le poste assiégé, qui résistait toujours avec vigueur, et là, allumées de façon à incendier aussi le poste, dont les portes furent clouées pour que les soldats enfermés dedans ne pussent sortir et périssent ainsi dans les flammes.

Relativement à ceci, on a, à la vérité, imprimé, dans plusieurs journaux, que des gardes nationaux avaient enlevé le poste d'assaut, et ensuite fraternisé avec ses défenseurs. Mais c'est à tort ; car la chose ne passa point ainsi, et si les pauvres soldats qui périrent alors, martyrs de la discipline, fraternisèrent avec quelqu'un, ce ne put être qu'avec le feu, compagnon, assurément, assez désagréable. Après ce bel exploit, ses auteurs s'occupèrent de traiter de la même façon les meubles du Palais-Royal, qui, à la vérité, n'étaient pas des êtres vivans, et, par conséquent, ne sentaient rien, et d'en faire une quantité d'auto-da-fé plus ou moins considérables. J'avoue que je ne pris pas grand plaisir à contempler ces dévastations, qui n'épargnaient pas même les objets d'arts ; car nombre de tableaux de moyenne dimension furent brûlés comme les meubles, et quantité de petits emportés. Quant aux grands tableaux qui ne pouvaient passer par les fenêtres, on daigna se contenter, pour les embellir, de les cribler de coups de baïonnette.

Bientôt (vers trois heures) le bruit se répandit que Louis-Philippe avait abdiqué, et que les Tuileries, dont les défenseurs avaient posé les armes sans coup férir, étaient également au pillage. Beaucoup de gens s'y rendirent alors, les uns par curiosité, les autres par avidité. Quant à moi, je n'y allai pas ; car tous les actes de vandalisme et de cruauté dont je venais d'être témoin m'écœuraient. Je n'aimais pourtant guère Louis-Philippe, et je n'étais pas fâché de la révolution qui s'accomplissait en ce moment ; mais j'aurais voulu qu'elle fût restée pure de tout excès, ainsi que celle de 1830, et j'étais fâché de voir qu'elle trompait ainsi mon attente. Aussi, ne tardai-je pas à regagner ma demeure, peu distante de là, et je m'y occupai à regarder passer la foule des pillards, qui emportaient chacun quelque bribe du butin ; sur quoi je remarquai une chose, c'est que la plupart d'entr'eux n'étaient point armés, du moins ceux du Palais-Royal, et que ceux des passans qui étaient armés ne portaient en général que leurs armes. Ce qui me confirma dans cette opinion, que les voleurs sont généralement lâches et plus disposés à pousser les autres dans le danger qu'à y entrer eux-mêmes, ressemblant ainsi au singe de la fable, qui faisait, par le chat, tirer les marrons du feu, pour les manger luimême.

Un peu plus tard, cependant, on vit des gens armés porter du butin, mais c'est qu'ils venaient des Tuileries, où, grâce aux quinze mille fusils et aux cinq cent-mille cartouches qu'on y avait trouvés et qu'on distribuait à quiconque en voulait, ils avaient pu se pourvoir d'armes et de munitions en même temps que d'autres choses. Certains journaux ont prétendu que le peuple n'avait pas trouvé bon le vin des Tuileries ; mais ce n'est pas ce que m'ont dit des gens qui en avaient goûté. Dans tous les cas, ce qui prouve mieux que tout qu'on l'avait trouvé bon, c'est qu'on n'y en a pas laissé, non plus qu'au Palais-Royal.

Vers quatre heures et demie, au moment même où l'on proclamait la République à la chambre des députés, les pompiers du poste de la Banque se rendirent au poste incendié, pour tâcher d'éteindre le feu qui atteignait, en ce moment, sa plus grande intensité ; mais la foule, qui couvrait la place, ne voulut pas le leur permettre. Toutefois, leur démarche ne fut pas entièrement inutile ; car, grâce à l'intervention de quelques hommes courageux, qui firent entendre raison au peuple, ils parvinrent à le persuader de laisser délivrer sept soldats qui vivaient encore, réfugiés qu'ils étaient dans le violon, ou prison du poste, tous les autres ayant été brûlés. Pour délivrer ceux qui restaient, on descella les barreaux qui grillaient la fenêtre dudit violon; puis, les pompiers étant entrés, emportèrent dehors les incendiés, qui, à moitié étouffés par la chaleur et la fumée, ne pouvaient plus remuer seuls. On les porta à l'hôpital, puis le poste fut abandonné à sa destinée. Tels furent les événemens de cette journée, qui se termina par des salves de coups de fusil que des ivrognes ne cessèrent de tirer pendant toute la soirée, et qui tuèrent ou blessèrent une quinzaine de personnes.

Quant à ce qui se passa à la chambre des députés, comme les journaux en ont suffisamment parlé, je n'en dirai rien. Je vous ferai remarquer seulement, à propos de tous ces évènemens, que Louis-Philippe a singulièrement démenti la réputation d'habileté et de fermeté que lui faisaient ses partisans, et qu'en somme, lui et les siens ont fait preuve d'une insigne lâcheté; car il est évident que s'ils avaient su tirer parti des forces qu'ils avaient sous la main, le peuple n'aurait pas été le plus fort, surtout n'ayant ni chefs, ni discipline et fort peu d'armes et de munitions. Il a donc fallu, pour que la révolution ait eu lieu, que Dieu y ait mis la main en troublant l'esprit de Louis-Philippe et de ses conseillers, et en leur faisant voir noir ce qui était blanc et blanc ce qui était noir. Du reste, ce n'est pas mal fait; car, depuis quelque temps, ce gouvernement était tout-à-fait insupportable. On peut croire aussi que, comme pour celui de Napoléon, la trop grande amitié et confiance qu'il portait aux nobles n'a pas peu contribué à sa chute; car quelques sermens qu'ils prêtent, les blancs sont toujours blancs et suivent toujours les mêmes erremens. Ce qui devra être un avis à la République, de se méfier de telles gens et de ne pas les laisser en des emplois où ils puissent nuire ; car ils la trahiraient comme ils ont trahi Napoléon et Louis-Philippe.

Maintenant, parlons du Gouvernement provisoire. Ledit Gouvernement, après s'être institué tout seul et s'être à moitié composé d'un mélange de juifs et de communistes, n'eut rien de plus pressé, en commençant son règne, que d'ordonner à tous les Français de s'intituler désormais citoyens et citoyennes, ni plus ni moins que des terroristes ou des païens romains. Dès lors, la nation se trouve divisée en deux catégories ; ceux qui consentent à s'intituler citoyens, ou les Romains, et ceux qui veulent suivre l'usage habituel, ou les Français ; les Romains devant faire preuve de civisme et les Français de patriotisme. Quant à savoir ce qui vaut le mieux du civisme ou du patriotisme, c'est une question qui n'a pas encore été décidée ; mais pour la résoudre, il suffit de montrer quelles sont les vertus qui conviennent aux citoyens et celles qui conviennent aux patriotes.

De l'aveu de la plupart, tant des terroristes que des girondins, les deux citoyens romains dont la conduite pouvait être citée comme le meilleur exemple à suivre. furent, sans contredit, Caton d'Utique, et le second Brutus. Le premier avait la louable habitude de s'enivrer chaque jour, jusqu'à tomber ou sous la table ou au coin de la première borne qu'il rencontrait en mettant le pied dehors. Sa femme, Martia, ayant plu à l'orateur

Hortensius, qui était fort riche, mais de mauvaise santé, Caton la céda généreusement, moyennant, toutefois, la donation entre vifs d'une partie notable de la fortune dudit Hortensius, qui, étant mort peu de temps après, laissa à Caton la faculté de reprendre sa femme, ce qu'il fit, tout en s'applaudissant beaucoup d'avoir su s'enrichir d'une manière aussi simple.

Quant à Brutus, ses vertus civiques étaient d'une autre sorte, elles consistaient principalement à être avare, dur et ingrat. On sait, en effet, quel genre de reconnaissance il montra à César, en aidant à le tuer, pour prix de tous les bienfaits qu'il en avait reçus, par la seule raison qu'il avait détruit les priviléges des patriciens et se les était attribués à lui tout seul, sans toucher, d'ailleurs, aux droits du peuple. Quant à l'avarice et à la dureté dudit Brutus, Cicéron en rapporte un exemple assez mémorable dans l'affaire du sénat ou conseil municipal de Salamine, alors ville capitale de l'île de Chypre, auquel Brutus avait prêté de l'argent avec intérêt à 4 pour cent par mois. Or, pendant que Cicéron était proconsul ou gouverneur de la Cilicie, d'où dépendait l'île de Chypre, l'échéance de l'argent prêté par Brutus arriva ; mais, tandis que les débiteurs ne voulaient payer que l'intérêt convenu purement et simplement, le créancier voulait qu'ils payassent de plus l'intérêt des intérêts, capitalisé tous les mois, au même taux ; et pour les y contraindre, il les fit cerner par un de ses affranchis, assisté d'une troupe de recors armés, pendant qu'ils étaient assemblés dans la salle ordinaire de leurs délibérations, et les tint assiégés si long-temps que deux sénateurs moururent de faim et que tous les autres, probablement, en auraient fait de même, si Cicéron, averti de ce qui se passait, n'était venu les délivrer ; de sorte que, grâce à sa protection, ils en furent quittes pour payer, ainsi qu'il avait été convenu, 48 pour cent d'intérêt par an, ce qui était déjà bien raisonnable, mais ce dont Brutus ne fut nullement content, car il montra pendant long-temps beaucoup d'animosité à Cicéron, à cause de son intervention dans cette affaire. Telles étaient donc (avec de plus un orgueil excessif et un manque de courage dans l'adversité qui finit par les déterminer l'un et l'autre au suicide), les hautes vertus de ces deux illustres citoyens que quelques uns ont appelés les derniers des Romains ! et tels sont les nobles exemples que tout bon citoyen doit se proposer de suivre ! Ivrognerie et proxénétisme, avarice et cruauté, ingratitude et amour des priviléges, orgueil démesuré et abattement dans le malheur, etc., voilà quelles doivent être les vertus des citoyens !...

Vous penserez sans doute Monsieur, que ces prétendues vertus, appréciées au point de vue de notre époque, ne sont que des vices, ou tout au moins de graves défauts ; mais cette appréciation ne prouvera qu'une chose, savoir : que nos mœurs étant si différentes de celles des Romains, il est absurde de vouloir modeler notre langage sur le leur, et qu'il vaut mieux être patriote que citoyen ; d'autant plus que le civisme ou amour de la cité n'est déjà que trop commun parmi nous, et qu'il tend sans cesse à faire préférer à chacun les intérêts particuliers de sa localité, aux intérêts généraux de la nation tout entière ou de la patrie, que le patriotisme cherche à faire prévaloir.

Vous direz peut-être, Monsieur, que si je préconise

ainsi le patriotisme, c'est qu'il me plaît mieux que le civisme ; d'accord, mais c'est que le premier de ces deux sentimens me paraît puiser sa source dans des motifs beaucoup plus purs et plus élevés que le second. Et voilà pourquoi je suis plutôt patriote que citoyen.

Quant aux autres actes du Gouvernement provisoire, vous en avez sûrement assez entendu parler, pour que je puisse me dispenser de vous les énumérer. Et si vous désirez savoir ce que j'en pense, vous pouvez être sûr que je suis loin de les approuver tous. Il y en a certainement de louables, mais la plupart de ceux-ci ont peu de portée, tandis que les mauvais, d'ailleurs les moins nombreux, ont au contraire une portée énorme (1). Ainsi le décret du 10 mars, relatif aux finances, qui ordonne la vente des forêts et des diamans de l'État, tend à assimiler la France à une personne tout-à-fait ruinée et qui est réduite à vendre ses bijoux pour vivre, au premier qui veut les acheter !!!... Si c'est par de tels moyens que l'on prétend relever le crédit, on se trompe fort, car on ne peut que l'abattre encore davantage ; outre que leur emploi ne peut donner qu'une bien pauvre idée des talens financiers de celui qui les a imaginés, et, pour ma part, j'avoue que j'attendais mieux de M. Gar-

---

(1) Plusieurs aussi sont tout-à-fait ridicules , comme, par exemple, celui qui prétend faire des Tuileries un hôpital. Il est vrai que le Gouvernement provisoire est, en majeure partie, composé d'avocats, et que ces perroquets humains ont pour habitude de ne trouver beau, rien tant que ce qui est absurde. Aussi, si la Nation veut que ses affaires soient mieux conduites que par le passé , devra-t-elle encombrer, le moins possible, de cette engeance, l'Assemblée qu'elle va nommer ; car les avocats sont comme les Anglais, ils ne sont bons que pour eux.

nier-Pagès. Les diamans, surtout les deux gros, le Régent et le Sancy, mériteraient d'être conservés comme objets d'art et de curiosité, d'autant plus qu'on ne saurait les vendre ce qu'ils valent. Les forêts, épuisées par les coupes sombres de Louis-Philippe, devraient rester en repos quelques années, sauf à faire rendre à leur destructeur ce qu'il s'est attribué induement; et quant à la vente des châteaux et parcs de Versailles, Saint-Cloud et Fontainebleau, que la Convention elle-même avait refusée d'ordonner, ce serait une absurdité tellement palpable, qu'il est inutile de la démontrer, et que je doute fort de sa mise à exécution; car l'opinion publique s'est prononcée trop formellement à cet égard pour qu'on ose la braver.

Un autre grave sujet de reproches à adresser au Gouvernement provisoire, c'est l'abandon, l'espèce d'oubli dans lequel il a laissé presque jusqu'à ce jour toute la partie de l'armée qui avait combattu à Paris; c'est l'indifférence avec laquelle il laissait les soldats qui avaient le mieux rempli leur devoir, être en butte à tous les outrages, être traités en parias, en crétins, par ceux qu'ils avaient dédaigné de vaincre. Je sais bien que les membres du Gouvernement ne manquaient pas d'occupations, non plus que de sujets de délibérations, mais celui-ci aurait dû être un des premiers auxquels ils auraient dû s'occuper de pourvoir, tandis qu'il n'a été qu'un des derniers. Ils ont montré infiniment plus d'empressement à désorganiser l'industrie par leur décret du 2 mars, réduisant d'une heure la journée des ouvriers, tout en maintenant le même salaire et en augmentant par conséquent les frais de main-d'œuvre de 10 pour cent, qu'à réorganiser l'armée.

Du reste, le décret que je viens de mentionner étant, à proprement parler, l'acte le plus capital du Gouvernement provisoire, mérite, par ses conséquences, une discussion approfondie, ainsi que les idées qui en ont inspiré la promulgation. Et ces idées, les voici :

Il existe de par le monde, je ne sais si vous en avez ouï parler, un certain maître Louis Blanc, surnommé par ses prôneurs le Mèrle Blanc, à cause de la rareté présumée de son esprit et de sa science, comparable à celle de l'oiseau dont il porte le nom. Cet illustre maître a publié, il y a quelques années, un livre dans lequel il déclare : que la concurrence industrielle et commerciale, privée de règles et de direction légale, ayant de grands inconvéniens, il convient, pour supprimer ces inconvéniens, non pas de la régler et de la diriger dans le droit chemin, mais bien de la supprimer entièrement. Bien différent en cela du jardinier de l'Évangile qui, sur l'ordre de son maître de couper un figuier ne rapportant pas de fruits, répond : Qu'il convient d'attendre encore. afin de voir si la stérilité de cet arbre ne provient pas du manque de soins et d'engrais ; que, pour s'en assurer, il le taillera et mettra du fumier au pied, et que peut-être alors fructifiera-t-il, et dans tous les cas qu'il sera toujours assez tôt pour le couper!.. Du reste détestant, comme il le dit lui-même dans son livre, le papisme et la superstition, il n'est pas étonnant que le citoyen Merle Blanc soit peu empressé de prendre exemple sur l'Évangile ; ce serait à la fois trop raisonnable et trop vulgaire pour un aussi grand homme. Mais, pour revenir à la concurrence, il ne suffirait pas, pour en détruire les abus, de la supprimer, si on ne mettait rien à la place ; aussi, pour remplir cette condition, le Merle Blanc a imaginé un système où, à dire vrai, son merveilleux esprit n'a pas brillé; car tandis que les conceptions du génie sont ordinairement simples, claires précises et de facile exécution, celles de l'illustre Merle sont tellement compliquées, embrouillées et vagues, qu'on a peine à les comprendre, et que ce qu'on en comprend paraît impraticable et absurde. Néanmoins, comme il passait pour avoir de bonnes intentions, et qu'il s'était fait une certaine réputation parmi ceux qui admirent d'autant plus qu'ils comprennent moins, l'illustre Merle fut, dès le premier jour, appelé à faire partie du Gouvernement provisoire. Pour signaler son arrivée au pouvoir, ledit Merle Blanc rendit, en date du 2 mars, le décret que j'ai mentionné tantôt, qui raccourcit les journées d'ouvriers d'une heure, et abolit les intermédiaires entre fabricans et ouvriers. Ce décret, en accroissant le prix de main-d'œuvre de 10 pour cent, a eu pour effet de mettre sur le pavé, à Paris seulement, 20,000 ouvriers, dont les maîtres ont immédiatement fermé leurs ateliers. Il est vrai que lesdits ouvriers y perdent peu de chose, car on les nourrit sans rien faire aux dépens de ceux qui travaillent, mais il semble peu juste que les gens laborieux paient pour les fainéans. Non content de ce beau décret, son auteur s'est fait nommer président d'une commission dite, par antiphrase, de l'organisation du travail; ainsi les Grecs appelaient les Furies, Euménides ou Bienfaisantes, parce qu'ils en avaient peur, et la mer Noire, Pont-Euxin (Pontos-Euxeinos) ou Mer Hospitalière, parce qu'elle était sujette aux naufrages, et les habitans de ses bords si hospitaliers qu'ils ne manquaient jamais de massacrer les naufragés.

La commission Merle Blanc et compagnie, et dont le véritable titre doit donc être « de la désorganisation du travail », se compose d'un assez grand nombre d'individus dont chacun se croit certainement *Rara avis in terris, nigris simillima cycnis* ! « Un oiseau aussi rare qu'un cygne noir. » Mais, de même que les cygnes noirs sont faciles à trouver depuis que l'on sait qu'il en existe un grand nombre à la Nouvelle-Hollande, de même les talens de ces Messieurs ne sont pas difficiles à égaler. Seulement, comme ils appartiennent tous sans exception à la catégorie des charlatans-économistes, ils entendent à merveille l'art de faire beaucoup d'étalage avec peu de moyens.

Parmi eux on remarque entre autres un sieur Hugues-Capet, qui, chef d'une secte communiste, n'est pas encore roi, mais aspire à le devenir comme son illustre homonyme. Il devait, soi-disant, il y a quelques mois, aller fonder un Etat en Amérique avec douze mille de ses adhérens, et il venait même d'y en envoyer une soixantaine à titre d'avant-garde, s'engageant à aller bientôt les rejoindre lui-même avec le reste de l'association, lorsque la révolution de février, éclatant sur ces entrefaites, lui a totalement fait perdre la mémoire de ses engagemens. Aussi ne songe-t-il plus actuellement qu'à gagner de l'argent en faisant des parades devant ceux qui veulent les payer. Ordinairement, il tient séance salle Montesquieu, de deux jours l'un, devant cinq mille auditeurs, terme moyen, qui, à 25 centimes par tête, lui font 1,250 francs, ou 1,150 produit net, le loyer de la salle étant de 100 francs. C'est très joli ; et assurément peu de comédiens, par le temps qui court, font d'aussi bonnes recettes que ce charlatan. Entre autres mesures destinées à améliorer le sort des ouvriers, il réclame l'abolition de tous les droits de douane qui s'opposent à ce que les produits des manufactures étrangères viennent sur notre propre sol faire concurrence à nos fabriques et les ruiner. Évidemment une telle mesure serait utile aux ouvriers anglais, mais elle mettrait sans pain les trois quarts des ouvriers français, et, pour ma part, j'en serais très fâché; car, n'en déplaise au citoyen Hugues-Capet, je n'aime nullement la gent britannique et regarde ses séides en France comme indignes du nom de Français !...

Un autre membre remarquable de la faction des cygnes noirs, est un nommé Azor, un certain barbet, qui possède un assez grand crédit dans ce temps-ci, pour avoir été tenu enfermé comme fou furieux par le dernier gouvernement pendant près de neuf ans. Et qu'est-ce qui lui avait attiré un pareil traitement ? c'était parce que, dans l'échauffourée du 12 mai 1839, ayant attaqué et pris, à la tête d'un certain nombre d'anarchistes, un poste du Palais-de-Justice, il avait tué de sang froid, à ce qu'on disait, un homme désarmé, le lieutenant qui avait commandé le poste. Une telle action ne se pouvant excuser, pas plus en politique qu'en morale, on avait jugé que son auteur devait être fou, et on l'avait renfermé comme tel. Mais à la révolution, bien qu'à ma connaissance pas un des combattans n'ait suivi son exemple, on s'est empressé de le délivrer et de le fêter comme un martyr.

Quant au citoyen Merle Blanc, son opinion est : Qu'il faut à tout prix supprimer la concurrence, et qu'en conséquence, il faut que l'État établisse des ate-

liers et des magasins nationaux, et devienne ainsi
le seul fabricant et le seul marchand du pays......

Les trois personnages précités représentent à peu près
toutes les opinions anti-sociales des cygnes noirs ; le
Merle Blanc représentant les monopoleurs, Hugues Capet les communistes, et le barbet Azor les anarchistes.
Il y a bien, en outre, quelques phalanstériens ; mais le
langage de ceux-ci est si extraordinaire, et leurs ex-
pressions d'une tournure si baroque, qu'on ne les en-
tend pas plus que le haut allemand. De sorte que, bien
loin que les autres puissent savoir ce qu'ils veulent
dire, je crois qu'eux-mêmes ne le savent pas trop, et
qu'ils parlent pour parler, sans attacher un sens pré-
cis à leurs paroles.

Une seule personne représente (comme un cygne
blanc parmi les cygnes noirs), au sein de ladite commission, le parti du bon sens (encore n'y siége-t-elle
pas constamment), c'est M. Véridique, bien digne du
nom qu'il porte par sa franchise et sa sincérité ; peu
citoyen, mais bon patriote et digne Français. Toutefois, ses collègues le craignent plus qu'ils ne l'aiment,
parce que, sans s'arrêter au proverbe : Que toute vérité n'est pas bonne à dire, il exprime, en toute occasion, son opinion sans ménagement, de façon, bien
souvent, à casser les vitres, du moins d'après ce que
prétendent ses collègues. Ayant eu occasion de le voir
plusieurs fois, je suis entré assez avant dans sa connaissance, au point de devenir, en quelque sorte, son
secrétaire ; et c'est ainsi que j'ai pu prendre copie, de
l'aveu, du reste, de M. Véridique lui-même, du procès-
verbal d'une séance où il avait pris la parole et peu
ménagé la plupart des opinions des autres. Je le trans-

cris ci-dessous, ayant pensé Monsieur, qu'il vous pourrait être agréable de le connaître.

Commission pour la désorganisation du travail ; procès-verbal de la séance du 24 ventôse an LVI, présidée par le citoyen Merle Blanc.

A deux heures de l'après-midi, le président monte au fauteuil, et la séance est ouverte. Le citoyen Brutus-Scévola-Avaletout, dit l'Enragé, secrétaire de la commission, lit le procès-verbal de la dernière séance, qui est adopté. Puis, le président se lève et prend la parole en ces termes : (Profond silence.)

« Citoyens, au milieu de l'effroyable corruption que l'industrie, organisée telle qu'elle est aujourd'hui, a déposée au sein de la bourgeoisie, il est heureux pour la société que le sort ait remis à des mains telles que les nôtres le soin de sonder ce cancer infect. Un tel évènement est heureux pour tout le monde, même pour la bourgeoisie ; car il est évident que la concurrence aurait causé sa ruine. En effet, tandis que perdue de sensualité, inventant en fait de luxe des raffinemens inouïs, n'ayant plus guère d'autre religion que le plaisir, et reculant le domaine des sens jusqu'aux plus extrêmes limites de la fantaisie, elle ne songe qu'à jouir au sein des boudoirs dorés, où se berce sa philosophie ; le matérialisme des intérêts grandit au sein des classes pauvres et lui fait une concurrence acharnée, dans le but d'arriver à la supplanter à la fois dans ses richesses et dans ses plaisirs. Or, quel est le moyen d'arrêter le développement de cette concurrence ? Ce moyen, que vous avez deviné, citoyens, ce moyen, c'est l'organisation du travail !... car, quand le travail sera organisé, l'ouvrier, pouvant se procurer toutes les jouissances matérielles qu'il pourra désirer, n'aura plus lieu de les envier aux autres !... Mais l'homme ne vit pas seulement de pain, dit-on, et il faut aussi que l'âme ait ses jouissances !... Comment ! l'âme ne participe-t-elle donc pas aux jouissances du corps, de même qu'elle souffre quand il souffre ? Il n'y a que les aveugles partisans des superstitions du papisme qui aient osé soutenir que la pauvreté matérielle était un bien et la souffrance sainte à jamais !... Que le christianisme ait frappé la chair d'anathême et placé le principe du mal dans la matière, c'est vrai. Mais qui ne sait combien l'abus de la pensée chrétienne a produit de maux ? Il s'est trouvé dans le spiritualisme catholique une source de maux, hélas ! tout aussi féconde que dans le matérialisme païen. Le paganisme avait divinisé la débauche et outragé l'âme humaine jusqu'à faire des esclaves ; le catholicisme a canonisé l'ascétisme et dédaigné le côté matériel de l'humanité, jusqu'à mettre la pauvreté volontaire au rang des plus hautes vertus. Mais en voilà assez sur ce chef ; car il est évident que le christianisme n'a pas le sens commun et que la richesse sera toujours infiniment préférable à la pauvreté. Car la richesse est le souverain bien, et nul ici-bas ne peut être heureux sans elle ? Cela est évident. Autrement, pense-t-on que l'industrie pût être en proie à une concurrence aussi effrénée que celle qui la dévore ? Et si nous voulons détruire cette concurrence, le plus grand fléau de notre époque, pouvons-nous en venir à bout autrement qu'en l'empêchant d'être le chemin de la richesse, en ruinant la concurrence individuelle par la concurrence plus grande de l'État tout entier. Qu'ainsi

donc des ateliers sociaux, subventionnés par l'État,
s'élèvent de tous côtés ; et qu'afin de fournir aux ouvriers les moyens de gagner cinq francs par jour pour
huit heures de travail, et, par suite, d'avoir de beaux
habits, de la viande et du vin à discrétion, les propriétaires soient tenus, comme les Irlandais, de ne manger
que des pommes de terre et de ne boire que de l'eau !
car, à l'avenir, les prolétaires devront être les maîtres
et seigneurs de la société, et les propriétaires devront
en être les parias. Nous présenterons donc à l'Assemblée nationale un projet pour l'émancipation des travailleurs, rédigé dans ce sens ; et si les propriétaires
faisant partie de l'Assemblée, paraissaient peu disposés
à l'accepter, nous comptons que le peuple voudra bien
leur donner un coup d'épaule pour les y contraindre.
Ainsi, la grande œuvre de l'organisation du travail se
trouvera complète et affermie ! » (De toutes parts : Oui !
oui ! Bravo ! bravo !) Le citoyen Merle-Blanc, son discours achevé, se rassied au milieu des applaudissemens
de l'assemblée.

Le citoyen Hugues Capet se lève, demande la parole,
et, l'ayant obtenue, s'exprime en ces termes :

« Citoyens, peut-être, après l'admirable discours que
vous venez d'entendre, devrais-je m'abstenir de prendre la parole, et si je n'ai pas obéi à l'instinct qui m'y
poussait, c'est que j'ai pensé que certaines idées ne
pouvaient être trop souvent redites et fortifiées par
trop de témoignages. D'ailleurs, je sais pouvoir parler
ici à cœur ouvert, et sans les déguisemens nécessaires,
devant la multitude ; car nous nous connaissons tous,
tant que nous sommes, et savons quels sont nos véri-
tables sentimens !... A chacun suivant ses forces, à cha-

cun suivant ses besoins ! ai-je répété bien des fois, et ces mots renferment, en effet, l'expression de tous mes désirs et de toutes mes espérances! et des vôtres aussi, citoyens ; car, comme moi, vous désirez du pouvoir selon vos forces et des jouissances suivant vos besoins, et, à cet effet, vous désirez également dépouiller ceux qui possèdent sous prétexte d'enrichir ceux qui ne possèdent pas. Nous ne différons donc que sur le choix des moyens. Pour moi, je suis d'avis que la puissance de l'égoïsme est si forte, que l'association n'est possible qu'entre gens qui ne possèdent rien en propre, et qu'ainsi, pour pouvoir former une association universelle, il faut commencer par mettre tous les biens en commun ; et pour empêcher les membres de cette communauté universelle de se soustraire aux obligations qui leur seraient imposées, il convient de régler tous leurs mouvemens ainsi que ceux d'une machine, afin qu'ils ne puissent pas faire un pas en dehors de la loi sans s'exposer aux plus rigoureux châtimens. Autrement, les chefs privilégiés de la société ne pourraient jouir en paix des bénéfices de leur position, grâce à l'émulation de fainéantise et d'insubordination qui s'introduirait bientôt entre leurs inférieurs. Ainsi, le travailleur s'indignerait d'être assimilé au paresseux, le fort au faible, l'homme de génie à l'idiot, et tous se révolteraient contre un tel régime, si des lois draconiennes et inflexibles n'étaient pas là pour comprimer leurs moindres mouvemens et les réduire à une obéissance tellement passive qu'ils soient comme des cadavres sous la main des chefs ! ! ! » (Bravo ! bravo!) Le citoyen Hugues Capet, après avoir parlé de la sorte, se rassied.

Le sieur Barbet (Azor) prend la parole à son tour et s'exprime en ces termes :

« Citoyens, les orateurs que vous venez d'entendre ont assurément bien parlé, mais ils sont loin néanmoins d'avoir épuisé la question qui nous occupe. Aussi je prends la parole à mon tour pour continuer la discussion, et ma première exclamation sera celle-ci : La propriété, c'est le vol!... J'entends crier de toutes parts : Gloire au travail et à l'industrie! à chacun selon sa capacité, à chaque capacité selon ses œuvres. Et je vois les trois quarts du genre humain chaque jour dépouillés; on dirait que le travail des uns fait pleuvoir et grêler sur le travail des autres. Aussi, je suis ennemi des capacités, et je pense que toutes les supériorités naturelles doivent être raccourcies et anéanties, comme autant de fléaux sociaux. Car l'égalité plaît à mon cœur, et de peur d'en être privé, je préfère l'anarchie à tout gouvernement quelconque. Car, nul gouvernement ne peut subsister sans inégalités de conditions; or, je déteste toute inégalité à l'égal de toute propriété, et je vois du même œil de mépris le génie et l'idiotisme. La propriété est un vol, ai-je dit, c'est qu'en effet le sol ne peut être l'objet d'une appropriation quelconque; aussi est-ce à tort que l'espèce de crétin, appelé Parole de Dieu, tout en invitant ceux qui possédaient à distribuer leurs biens à ceux qui ne possédaient pas, semble avoir reconnu le droit de propriété particulière. C'est également à tort que quelques uns ont prétendu que le mobilier et le capital étaient des propriétés, tandis que ce ne sont que des possessions; aussi le millionnaire exclusivement capitaliste est un prolétaire, tout comme l'ouvrier indigent qui ne possède que les habits dont il

est vêtu. Tandis qu'au contraire, le plus mince possesseur du sol, l'humble journalier qui ne possède rien
autre chose qu'une chétive cabane à peine suffisante
pour le mettre à l'abri des intempéries de l'air, est
propriétaire, tout comme le possesseur du plus vaste
territoire. Car, ce n'est pas l'étendue de la possession
qui détermine la propriété, mais bien la nature de
l'objet possédé. Et comme, en droit, la propriété du sol
ne doit appartenir à personne, guerre donc à tous les
propriétaires, ainsi qu'à des brigands! Que tous les
anarchistes veuillent bien réunir leurs forces contre
eux, et bientôt la terre en sera purgée. Que le glaive
de la justice populaire s'appesantisse sur eux, et leur
sang, coulant par torrens, fertilisera les terres qu'ils
accaparaient!... Vive l'anarchie! Vive la guillotine!... »

Ayant ainsi parlé, le citoyen Barbet Azor se rassied
au milieu des applaudissemens d'une partie des assis-
tans et des murmures du plus grand nombre. Une assez
longue agitation succède à ce discours, personne ne
s'empressant de prendre la parole. Enfin le citoyen
Véridique la réclame et dit : (Profond silence.)

« Messieurs (car je ne vous ferai pas l'injure de vous
appeler citoyens, comme les orateurs qui m'ont précédé),
pardonnez ma franchise, mais je ne puis en aucune
façon approuver les doctrines que l'on vient de vous
exposer. Toutes me paraissant éminemment matérialistes et subversives de l'ordre social. Ce n'est pas que
je nie les abus de la société actuelle, ni que je cherche
à les conserver ; seulement je voudrais qu'on se bornât
à les détruire, sans vouloir les remplacer par d'autres
encore plus grands. Car, que veulent au fond les partisans de vos trois factions, monopoleurs, communistes

et anarchistes? Des abus, encore des abus, toujours des abus! On veut remplacer la liberté du commerce et de l'industrie par le monopole au profit de l'État, la liberté d'action et d'opinion par le despotisme le plus effréné, et le culte de l'intelligence par celui de l'échafaud. Si c'est cela, Messieurs, que vous appelez le progrès, je doute fort que vous trouviez beaucoup de gens de votre avis.. Puis, indépendamment des abus qui y règnent, vos systèmes me semblent à la fois trop compliqués et trop incomplets pour pouvoir être praticables, et voici pourquoi : C'est que pendant que vous vous occupez de pourvoir aux besoins de la vie matérielle, et de diviniser, pour ainsi dire, la matière, vous négligez complètement l'âme; ou si parfois vous y pensez, ce n'est que pour la blesser dans ses instincts les plus vifs et les plus généreux. Ainsi vous déclarez l'admiration pour les œuvres du génie, un crime de lèse-société; vous niez la divinité de Jésus-Christ et invectivez ses doctrines, parce qu'elles prohibent le culte de la matière, votre idole, et pourtant vous êtes en même temps assez inconséquens pour croire que les associations que vous prétendez former pourront se maintenir unies au milieu de l'égoïsme immense développé par toutes les idées matérialistes que vous ne cessez d'inoculer à vos disciples. Tout cela prouve surabondamment que tous, tant que vous êtes, dans vos études sur l'organisation sociale, vous n'avez étudié et aperçu qu'un seul côté de la question, et sans contredit le moins important. Car, de quoi s'agit-il? Quelles sont les vraies conditions du problème à résoudre, soit qu'on veuille réprimer les abus de la concurrence, ou l'oppression du pauvre par le riche et du faible par le puissant? C'est de pouvoir inspirer à chacun des sentimens de charité et d'amour du prochain, qui lui fassent considérer les autres hommes comme autant d'autres lui-même, et qui lui fassent craindre autant de leur nuire que de se nuire à lui-même. Or, quelle cause existe, capable de produire un tel effet? Une seule, l'enthousiasme religieux, cette foi vive et ardente qui animait les apôtres et les premiers chrétiens, et les portait à tout sacrifier pour obéir aux préceptes de celui qu'ils savaient être Dieu, assurés qu'ils étaient d'être bien dédommagés, dans l'autre vie, des souffrances qu'ils auraient endurées dans celle-ci.

Aujourd'hui, les temps sont changés et la foi est absente; pourquoi? c'est que, depuis un siècle environ, on a débité tant de paradoxes, on a si bien mêlé ensemble la vérité et l'erreur, que peu de gens peuvent les démêler, et que la plupart, ne pouvant pas tout croire, finissent par ne rien croire du tout. Et ce défaut de croyances religieuses et d'idées morales fixes, est, sans contredit, la plus grande plaie de notre époque; aussi, tant qu'on ne l'aura pas fermée, toutes les tentatives d'amélioration seront vaines; car il est évident qu'on ne peut empêcher les hommes de chercher à se nuire mutuellement quand ils y trouvent avantage, qu'en leur assurant d'autre part des avantages plus grands encore. Or, ce n'est que dans l'autre monde que l'on peut espérer de voir satisfaites toutes les âmes ardentes et inquiètes qui sont les plus portées à s'égarer ici-bas. Pour pouvoir donc attirer leur attention sur l'autre vie, il faut commencer par leur prouver péremptoirement que cette autre vie doit exister; ce qui n'a pas encore été fait, quoique l'étude

attentive et approfondie de la psychologie comparée en
offrît les moyens, ainsi que je m'en suis assuré moi-
même. Il est vrai que cette science a toujours été peu
cultivée, parce que tous les métaphysiciens ont persisté
à suivre le sentier battu de la révélation; mais c'est à
tort; car la révélation ne se prouve que par les miracles, et comme il ne s'en fait plus actuellement, il s'ensuit qu'elle reste douteuse pour ceux qui ne croient
pas aux miracles antérieurs. Ce n'est pas ainsi qu'ont
procédé les savans (physiciens, mathématiciens et na-
turalistes), qui ont découvert le vrai système du monde
matériel. Commençant par laisser la révélation de côté,
ils se sont occupés d'observer les phénomènes et d'en
tirer des conséquences, si bien que de découvertes en
découvertes, ils en sont arrivés, sans le faire exprès, à
démontrer que le monde a été créé et organisé précisé-
ment comme il est dit dans la Genèse; ce qui, assurément, est une rencontre assez remarquable. Or, il reste
à faire, pour le système du monde spirituel, la même
preuve qui a été faite pour le système du monde matériel. Pour cela, il faut étudier attentivement les divers
phénomènes de l'âme, les comparer avec les problèmes
de métaphysique qui présentent des analogies, et,
par suite, en déduire les solutions de ces problèmes,
tels que la nature de l'âme, son immortalité, la nature
de Dieu, ses attributs, les conditions de sa prescience,
et par suite de la liberté humaine, la Genèse spiri-
tuelle, l'origine du mal, la nécessité de la Rédemption
et la nécessité de la divinité du Rédempteur, etc., etc.
Tout cela peut être prouvé mathématiquement par la
comparaison du connu à l'inconnu, formulée en une
série de déductions enchainées par un raisonnement ri-

goureux. Et une telle démonstration est, en effet, nécessaire ; car, dans notre âge, nul ne doit être tenu de
croire que ce dont il est parfaitement sûr. Une fois
cette démonstration faite et connue de tous, comme la
métaphysique est la base de la morale, du moment que
les notions de l'une seraient certaines, celles de l'autre
le deviendraient également, et dès lors il serait facile
d'en déduire les règles exactes de l'économie sociale et
de les faire exécuter en mettant en jeu l'individualisme
moral, ou enthousiasme, bien différent de l'individualisme matériel, ou égoïsme, lequel recherche, avant
tout, la satisfaction physique, tandis que l'enthousiasme, au contraire, dédaigne la matière et cherche
exclusivement la satisfaction morale. Aussi, lui seul
rend possible les associations d'hommes, où les intérêts
matériels de chacun doivent être nécessairement frois-
sés ; et comme les croyances religieuses sont sa plus féconde source, aussi convient-il de se mettre en mesure de raviver la foi, si l'on veut sérieusement la régé-
nération de la société !...

Quant aux améliorations matérielles que l'on pourrait tenter dès à présent, avant de dire ce que je
pense à ce sujet, je crois devoir faire des observations
sur l'abus qu'on fait journellement du nom de « prolétaire », et sur la distinction que l'on prétend établir
entre la propriété foncière et la propriété mobilière,
qu'on prétend n'être pas une véritable propriété. Quant
à moi, je ne vois rien qui autorise une pareille distinction ; car la propriété mobilière a été reconnue de
tout temps, et l'on ne s'est sans doute avisé de la nier
à notre époque, que parce qu'elle tend à diminuer singulièrement le nombre des prolétaires, peu d'ouvriers

(du moins en France) étant assez pauvres pour ne pas posséder, au moins quelques meubles, et être ainsi propriétaires mobiliers.

Mais, pour revenir aux améliorations à introduire dès à présent dans l'organisation du travail, celle qui me paraît devoir être à la fois la plus profitable et la plus économique, serait de ranger légalement dans la classe des établissemens insalubres et incommodes, qui ne peuvent être situés dans les villes, toutes les fabriques manipulant des produits de l'agriculture française, et de les obliger même à s'établir, autant que possible, au centre des localités fournissant la plus grande masse de leurs matières premières. Cette classification n'aurait lieu, bien entendu, que pour les fabriques à établir postérieurement à la loi ; mais, néanmoins, elle ne laisserait pas de produire rapidement un grand bien, en faisaut refluer les ouvriers des villes, où tout est cher, dans les campagnes où tout est à bon marché ; d'autant plus que la crise commerciale qui règne actuellement, devant infailliblement ruiner un grand nombre de fabriques, les nouvelles qui les remplaceront se trouveraient sous l'application de la loi proposée et devraient nécessairement déterminer en peu de temps un grand déplacement d'ouvriers. Et même, en général, ral, c'est à porter les fabriques de toute espèce dans les campagnes qu'on doit tendre, ainsi qu'à les associer à des exploitations rurales, de façon à ne laisser dans les villes que les oisifs, les travailleurs intellectuels et les marchands de divers genres.

Quant à l'emploi à donner aux ouvriers actuellement sans ouvrage, le meilleur serait, si l'on pouvait, de les faire refluer dans l'agriculture, qui n'a jamais assez de bras, surtout dans la belle saison, où un nombre plus qu'ordinaire lui est nécessaire. »

Le citoyen Véridique, après avoir fini son discours, se rassied ; alors, le citoyen président, se lève et dit : « Qu'il sera tenu compte des observations faites par le préopinant, et ajoute : Qu'étant obligé de se rendre à l'Hôtel-de-Ville, il lève la séance. A ces mots, l'assemblée se sépare, après avoir décidé que la prochaine séance serait consacrée à l'audition des délégués, tant des fabricans que des ouvriers. »

Voici la copie du procès-verbal, que je vous avais promis d'une des séances des *Cygnes noirs*, achevée, mon cher Monsieur ; vous amusera-t-elle ? je ne sais ! mais cela devrait être, car elle contient des choses assez curieuses. Vous trouverez peut-être que M Véridique ne réfute pas assez vivement les communistes, mais c'est que sans doute il pense que leurs doctrines se réfutent d'elles-mêmes. Du reste, si l'on voulait les réfuter davantage, ce serait facile, car ils partent d'un principe évidemment faux, savoir : d'une prétendue égalité de moralité entre tous les membres de la société humaine, et ils en concluent que si tous les hommes remplissent également leurs devoirs, tous doivent avoir les mêmes droits ; mais comme la première condition n'est pas remplie, il s'ensuit que la conséquence est inacceptable et que tout le système fondé sur le développement de cette conséquence, croule par la base.

Une chose singulière et qui m'a beaucoup surpris la première fois que je l'ai remarquée. c'est que les royalistes, qui assimilent la royauté à une propriété, ont,

quand ils veulent montrer la convenance de l'hérédité
de pouvoir, le même point de départ que les communistes, si ce n'est qu'ils l'outrent encore davantage. En
effet, pour pouvoir soutenir la convenance de la trans-
mission du père au fils, et du frère au frère, d'une
fonction qui exige à la fois une grande capacité réunie
à beaucoup de moralité, il faut admettre que l'intelligence et la moralité sont héréditaires et égales chez
tous les individus. Or, comme ni l'un ni l'autre n'est
vrai, il s'ensuit que l'hérédité de pouvoir est à la fois
contraire à la logique, à la raison, et au droit naturel...

24 Mars. . . . .

Mais pendant que j'écrivais ce qui précède, voici que
le souffle de l'esprit de Dieu, qui pousse les nations vers
de nouvelles destinées, s'est fait sentir en Allemagne,
où les peuples excités par son inspiration, ont forcé les
rois à capituler. Vienne, Berlin, Munich, Cracovie
et Milan ont vu les pavés de leurs rues se soulever au
nom de la liberté. Décidément les rois s'en vont ; Dieu
n'en veut plus, et les peuples pas davantage. Mais ce
n'est pas tout que d'achever de démolir ce qui reste de la
vieille société et d'en disperser au loin les débris, il
faut encore en reconstruire une nouvelle. Qui le pourra ?
Beaucoup se présentent pour mettre la main à l'œuvre,
mais à peine jette-t-on l'œil sur leurs systèmes, qu'on
s'aperçoit que ce ne sont que des ballons gonflés de
vent. Le Moïse du genre humain est donc encore à pa-
raître ; mais qu'il se hâte, car son heure est arrivée, et
le monde pensif et troublé soupire après sa venue
avec autant d'ardeur que le marin pris par le calme,
après la brise qui doit enfler ses voiles. Jamais plus
belle tâche ne fut réservée à un fils d'Adam, depuis l'o-

rigine des sociétés, que celle qui attend aujourd'hui le législateur de l'avenir. Les nations, éprises d'un mutuel sentiment de fraternité universelle, et abjurant à l'envi toute idée de rancune, n'attendent pour se confondre en une seule nationalité désormais indissoluble , que de voir enfin luire à découvert le flambeau de la vérité, qui doit résoudre tous les doutes, dissiper tous les nuages, fondre toutes les dissidences en une seule unité, à la fois religieuse, sociale et politique, et fonder le règne de la justice sur des bases à jamais inébranlables ! Et en attendant que ce moment arrive, chaque peuple s'empresse de déblayer et aplanir le terrain qui doit recevoir les fondemens de la société universelle, afin de rendre plus facile et moins pénible la tâche de celui qui doit en construire l'édifice....

Pour nous, Français, du milieu desquels doit partir ce législateur du monde, confians dans le Dieu qui doit l'inspirer, attendons sa venue sans impatience, et pour mériter d'être ses dignes compagnons, souvenons-nous toujours que rien n'est grand comme la simplicité, que rien n'est bon comme la justice et que rien n'est beau comme la vérité !!!

Paris —Imp. d'Ed. Proux et Cᵉ, r. Neuve-des-Bons-Enfans, 3.

www.ingramcontent.com/pod-product-compliance
Lightning Source LLC
Chambersburg PA
CBHW071524030726
47593CB00003B/1395